# ARTICLES, STATUTS,
## ORDONNANCES ET PRIVILEGES
### ACCORDEZ

Par le feu Roy CHARLES IX. aux Jurez & Gardes de la Communauté des Fondeurs, Mouleurs en Terre, Sable & Bossetiers, Sonnetiers, Seizeleurs, & Faiseurs d'Instrumens de Mathematiques de la Ville & Fauxbourgs de Paris.

F. 8795.
Fond.

*Imprimé du temps de la Jurande de* NICOLAS BARBIER, JEAN LEFEBVRE, NICOLAS BION, & JEAN TAUPIN, *Gardes & Jurez en Charge de ladite Communauté.*

## A PARIS,

Chez la Veuve LOUIS VAUGON, Ruë de la Huchette, AU JOLY-BOIS.

___

### M. D. CC. XIV.

# ARTICLES, STATUTS,
## ORDONNANCES,
# ET PRIVILEGES

*Accordez par le feu Roy Charles IX. aux Jurez*
*& Gardes de la Communauté des Fondeurs,*
*Mouleurs en terre, sable, & Bossetier de la Ville*
*& Fauxbourgs de Paris.*

HARLES par la Grace de Dieu, Roy de France: A tous présens & avenir: Salut. Les Jurez & Gardes du Métier de Fondeurs, Mouleurs en Sable, & Bossetiers de nôtre bonne Ville de Paris, nous ont fait remontrer que dés l'an mil deux cens quatre-vingt un, l'administration du trafic & commerce de ladite Marchandise fut reglée & policée par les Statuts qui en furent lors dressez & accordez; suivant lesquels ils se sont gouvernez jusqu'à présent:

A ij

Et pour ce que par long usage & experience, ils au-
roient connu que lesdites Ordonnances anciennes,
dont la Copie dûëment collationnée est cy-attachée,
il y a quelques articles qui sont de besoin de réformer
& ajoûter, parce que les termes desdites Ordonnances sont peu intelligibles & les noms impropres, à
cause du changement des ouvrages & façons d'iceux;
ils nous ont trés-humblement supplié & requis, que
nôtre bon plaisir fût de leurs homologuer, & autoriser
leusdits Statuts, Privileges & Articles, lesquels d'un
commun accord dûëment assemblez, les ont fait re-
diger selon la forme qui en suit.

## ARTICLE PREMIER.

ET PREMIEREMENT, que nul ne sera reçû à la
Maîtrise du Métier de Fondeur, Mouleur en Sable
en la Ville & Fauxbourgs de Paris, s'il n'a esté Apprenty
sous les Maîtres d'iceluy Métier, le temps & espace de
cinq ans.

## II.

ITEM, que chacun desdits Maistres ne pourra avoir
plus d'un Apprenty, lequel il ne pourra prendre à
moindre temps que de cinq ans, & auparavant que
l'employer & mettre en besogne, sera tenu le faire
obliger pardevant deux Notaires du Châtelet de Paris,
sur peine de quatre livres Parisis d'amende.

## III.

ITEM, pourra ledit Maistre sur la derniere & cinquié-
me année de son Apprenty, en prendre un autre, pour
le dresser & acheminer audit Métier; & s'il advenoit
que l'Apprenty s'enfuit d'avec son Maistre, & estre un

mois sans retourner, ledit Maistre en pourra prendre un autre; & sera l'Apprenty qui s'en sera fuir, tenu commencer de nouveau son apprentissage, sans que le temps qu'il aura fait sur son Maistre, lequel il aura délaissé, luy soit pour rien compté.

I V.

ITEM, que les Maistres dudit Métier, quinze jours aprés qu'ils auront fait obliger lesdits Apprentis, seront tenus les faire enregistrer en la Chambre du Procureur du Roy au Chastelet de Paris, les Jurez dudit Métier, à ce voir appellez, & payeront lesdits Maistres pour leur Apprenty six sols parisis au Roy, sur peine contre les contrevenans, & qui n'auront dedans ledit temps fait ce que dessus, de quatre livres parisis d'amendes.

V.

ITEM, qu'auparavant que de bailler par les Jurez Chef-d'œuvre à ceux qui voudront aspirer à ladite Maistrise, iceux Jurez seront tenus de s'enquérir de la bonne vie & mœurs desdits prétendans en ladite Maîtrise, & à cette fin, s'informeront des Maistres avec lesquels ils auront fait leur apprentissage, & lesquels ils auront servy, pour suivant le rapport qu'ils en auront, leur donner Chef-d'œuvre, ou les en débouter.

V I.

ITEM, lequel Chef-d'œuvre aprés ladite inquisition faite, sont tenus les Compagnons qui aspireront à ladite Maistrise, faire en la Maison de l'un des Jurez du Métier, tel qui leur sera avisé, & iceluy fait & parfait en seront lesdits Jurez leur rapport dedans vingt-quatre heures, en la Chambre dudit Procureur du Roy, lequel fera faire le Serment accoûtumé à ceux qui auront fait Chef-d'œuvre suffisant, & estre rapporté capable.

## VII.

ITEM, celuy qui sera reçû Maistre audit Métier, payera au Roy vingt sols parisis, & ausdits Jurez pour les peines, salaires, vaccations d'avoir assisté à voir faire ledit Chef-d'œuvre, à chacun vingt-quatre sols parisis, sans que lesdits Jurez puissent exiger & prendre aucune chose outre ladite somme de vingt-quatre sols parisis chacun, encore qu'il leur fut offert, sur peine de privation de leur état, & du quadruple.

## VIII.

ITEM, nul ne pourra faire fait de Maistre, dresser, ouvrir dudit Métier en ladite Ville & Fauxbourgs, s'il n'a esté reçû & institué Maistre par la forme & maniere dessus déclarée, si non qu'ils fussent fils de Maî-tre : Car en ce cas sont reçûs à la Maistrise, en faisant experience, telle qu'elle leur sera avisée par les Jurez, pour montrer leur suffisance, & pourront les Peres apprendre le Métier à leurs enfans, sans qu'ils soient tenus les bailler à autres Maistres pour faire apprentis-sage, ny que leursdits Enfans leur tiennent lieu d'Ap-prenty, ains pourront outre & par-dessus leurs Enfans, avoir un Apprenty en la forme qui a esté dite cy-des-sus : Toutefois si lesdits Enfans des Maistres apprenoient leur Métier ailleurs qu'en la maison de leurs Peres, ils tiendront lieu d'Apprenty aux Maistres avec lesquels ils seront, & en tout cas, soit en la maison de leurs Peres, ou d'autres Maistres dudit Métier, feront apprenti-ssage de cinq ans auparavant que pouvoir aspirer à

ladite Maîtrife. Les Veuves defdits Maiftres, tant qu'elles fe contiendront en Viduité, joüiront de pareils Privileges que leurs défunts Maris: Mais fi elles fe remarient en fecondes nôces, perdront ledit Privilege,
& ne pourront s'entremettre dudit Métier, ainfi font
tenuës de fermer leurs Boutiques. Lefdites Veuves
pendant leur viduité, befogneront & tiendront Ou-
vriers dudit Métier; ne pourront prendre depuis leur-
dite viduité aucun nouveaux Apprentis, bien pourront tenir & continuer les Apprentis de leurs défunts
Maris, pour le temps qu'il reftera de leur Apprentiffage, pourvû qu'elles ne fe remarient à aucun qui
foit d'autre état, & en ces cas feront lefdites Veuves
tenuës de mettre lefdits Apprentis és mains des Jurez,
pour les pourvoir & mettre avec autres Maiftres dudit
Métier, avec lefquels ils puiffent parachever le temps
qui reftera de leur apprentiffage.

## I X.

ITEM, les Forains qui ameneront Ouvrages dudit
Métier, ne pourront iceux vendre ny expofer en vente
en cettedite Ville, que premierement lefdits Ouvrages n'ayent efté vûs & vifitez par lefdits Jurez, fur
peine d'amende arbitraire; Mais auffi feront tenus
iceux Jurez, toutes chofes laiffées aller, vifiter lefdits
Ouvrages, où ils feront arrivez, fi-toft qu'ils en feront
avertis par le Marchand Forain ou autre de par luy,
fur pareille peine, & de payer l'intereft & féjour du
Marchand; ne pourront les Jurez dudit Métier inten-
ter aucun Procés touchant le Reglement & la Police
dudit Métier, fans premierement en avertir les Bacheliers, & que la plûpart des Bacheliers s'accordât auffi le

faire, & ce sur peine ausdits Jurez de perdre tout ce qu'ils y mettront, & de porter l'évenement du Procés en leurs noms.

## X.

ITEM, nul Maistre dudit Métier ne pourra tenir deux ou plusieurs Ouvroüers en divers lieux, sur peine de dix livres parisis d'amende.

## XI

ITEM, ne pourront les Maistres dudit Métier bailler à besogner à un Etranger, que préalablement les Compagnons qui auront esté Apprentis dudit Métier ne soient mis en besogne pour le prix de l'Etranger.

## XII.

ITEM, que les Maistres dudit Métier observent étroitement l'article general de la Police, touchant les serviteurs, par lequel il est fait défense à toutes personnes de recevoir un serviteur sortant d'une autre Maison, que premierement il ne soit enquis du Maistre ou Maistresse, s'ils luy ont donné congé, & pour quelle cause & occasion il sort de ladite Maison, ou que ledit serviteur n'en ait certification par écrit, le tout sur peine de vingt livres parisis, dont le plaintif ou dénonciateur aura le tiers.

## XIII.

ITEM, qu'aucun Compagnon Etranger ne sera reçû à la Maistrise, si premierement il n'apporte son Brevet d'apprentissage, & outre qu'il ait servy quatre ans les Maistres de cette Ville.

## XIV.

ITEM, que lesdits Maistres Fondeurs en sable pourront fondre, commencer & parachever les Croix d'Eglises,

glises, garnies de Crucifix, & autres dépendans de ladite Croix, des Ciboires, Encensoirs & autres choses de
latton qui se peuvent fondre & mouler en sable.

### X V.

ITEM, pourront fondre, achever & réparer toutes
sortes de boucles, anneaux, crochets & autres Ouvrages de cuivre & latton servant aux harnois de che-
vaux, mulets & fourniment de litieres, toutes sortes
d'éprons, Bossettes, Etuits & cloux de fontes, de latton
& de cuivre, boucles de bottes, & de souliers, anneaux de Custodes, cuillers de fontes, crochets &
boucles à Bergers, fermois & garnitures de Livres,
des dez & verges à couldre Marchandises, Mortiers
de fontes, cloches, sonnetes, timbres à Horloges, bou-
tons & grelots, lampes à corne, lampes rondes garnies de lamperons, & de ce qui appartient à la garni-
ture & fourniture desdites lampes, réchaux & garnitures desdits réchaux, moulles à gelées, futeaux, moulles de dragées & harquebuse & pistollets, marteaux d'é-
pinette, têtes de pincettes, & generalement toutes autres choses qui se pourront mouler & fondre en sable,
de cuivre, latton & airain.

### X V I.

ITEM, quant à l'Or & à l'Argent, n'en pourront fondre ny mouller, si ce n'est pour les Maistres Orphevres
de Paris, & à la Requeste desdits Orphevres.

### X V I I.

ITEM, lesdits Maistres Fondeurs ne feront ny vendront
aucun Ouvrage qui ne soit bien & dûëment fait, bon,
loyal, & Marchand, bien reparé & fait de bonne étoffe,
sur peine de confiscation & d'amende arbitraire, & ne

vendront Ouvrages venans de la fonte, si ce n'est à un Maistre dudit Métier, excepté les prix à ajoûter, & les menus Ouvrages pour les Horlogeurs.

## XVIII.

ITEM, seront tenus lesdits Jurez avoir une marque pour marquer la Marchandise qui sera vûë & visitée par eux.

## XIX.

ITEM, aucun Maistre dudit Métier ne pourra achet-ter Marchandise qui vienne de dehors, sans que préala-blement la Communauté des Maistres en soit avertie, pour en avoir leur lot, si bon leur semble, sur peines de confiscation de la Marchandise qu'ils auront achetée, & d'amende arbitraire.

## XX.

ITEM, que lesdits Maistres Fondeurs, Mouleurs en Sable & Bossetiers ne pourront travailler plûtost que cinq heures du matin, plus tard que huit heures au soir, à peine de seize sols parisis d'amende.

## XXI.

ITEM, pour la conservation des présentes Ordon-nances, il y aura quatre Jurez dudit Métier, dont seront élus & changez deux par chacun an, en la place de ceux qui auront vacqué deux ans au précédens, & sera l'élection faite en la présence dudit Procureur du Roy, par la Communauté ou la plus grande partie d'icelle. Par lesquels Jurez seront faites toutes visitations neces-saires à faire audit Métier, tant en ladite Ville que Fauxbourgs de Paris, quelque Privilege & droit de Justice qu'ils ayent, soit en la Ville ou aux Faux-bourgs, attendu qu'il est question de Police, de la-

quelle la connoiſſance appartient ſeulement à nôtredit
Prevôt.

## XXII.

ITEM, pourront leſdits Jurez, ſi toſt & incontinent
qu'ils auront eſté élus & inſtituez audit Etat de Jurez
par ledit Procureur du Roy, ſe tranſporter és maiſons
de ceux qui auront à ſe mêler & faire ouvrages du Métier, & les contraindre d'aller ſervir les Maiſtres, ou
renoncer audit Métier, ſi mieux ils n'aiment ſe faire
recevoir Maiſtre dudit Métier.

Tous leſquels Articles, Statuts & Ordonnances cy-
deſſus tranſcrits, les avons authoriſez, approuvez &
homologuez, authoriſons, approuvons & homolo-
guons, Voulons & nous plaiſt que le contenu d'iceux
ſoit ſuivy, entretenu & gardé ſelon leur forme & te-
neur, ſans y eſtre contrevenu en aucune maniere, ſur
les peines y contenuës que voulons eſtre jugées, dé-
clarées & executées en cas de contravention ſans aucun déport. SI DONNONS EN MANDEMENT
par leſdites Préſentes à nos amez & feaux, les gens
tenans nôtre Cour de Parlement & Prevoſt de Paris,
ou ſon Lieutenant, & autres nos Juſticiers & Officiers
qu'il appartiendra, que nos préſentes approbation &
homologation, & contenu cy-deſſus, ils faſſent, ſouf-
frent & laiſſent leſdits Supplians & leurs ſucceſſeurs
joüir & uſer plainement, paiſiblement, ceſſant & fai-
ſant ceſſer tous troubles & empêchemens au contraire,
contraignant à ce faire, ſouffrir & y obéir tous ceux
qu'il appartiendra, & qui pour ce ſeront à contraindre
par toutes voyes & manieres dûës & raiſonnables, nô-
nobſtant oppoſitions ou appellations quelconques, pour

lesquelles ne voulons estre differé : C A R tel est nôtre plaisir, nonobstant aussi les Ordonnances publiques & nos prédécesseurs faites & autres Edits, & défenses contraires à ces Présentes, ausquelles pour les consideration susdites, nous avons dérogé & dérogeons, & à la dérogatoire de la dérogatoire y contenuë, & afin que ce soit chose ferme & stable à toûjours : Nous avons fait mettre nôtre Scel à cesdites Présentes, sauf en autres choses, nôtre droit & l'autruy en toutes. DONNE' à Paris au mois d'Aoust, l'an de grace mil cinq cens soixante-douze, & de nôtre Regne le douziéme, ainsi signé sur le reply, Par le Roy, P A U L M I E R; *Visa contentor* D E R O U R E S. Registrées; Ouy sur ce consentant le Procureur General du Roy, pour joüir par les impétrans de l'effet & contenu en icelles. A Paris en Parlement, le second jour de Janvier, l'an mil cinq cens soixante-treize. Signé, D E H E V E Z, Collationné, S T O R N A T.

*Extrait des Registres des Ordonnances Royaux, registré en Parlement.* Signé, J A C Q U E S, Avec paraphe.

*Lesdits Statuts ont esté registrez au Registre de la Police du Chastelet de Paris, le huitiéme jour de Janvier 1573.*